Mathematik • Übertritt in weiterführende Schulen

Aufgabe 1

1 Erstelle zuerst eine Überschlagsrechnung auf Tausender und berechne dann die genaue Summe der Zahlen 124 395 und 368 746.

2 Berechne: 847 · 406

$$847 \cdot 406$$
$$00$$
$$000$$

3 Leons Onkel hat einen Sohn, der 20 Jahre jünger ist als er selbst. Zusammen sind die beiden 48 Jahre alt.

Wie alt ist Leons Onkel? Wie alt ist sein Sohn?

Antwort: _____

Übertritt in weiterführende Schulen • Mathematik

4 Ein Müller hat drei Mühlen. Die erste Mühle mahlt in sechs Stunden 2 t 700 kg Getreide. Die zweite Mühle schafft in der gleichen Zeit doppelt so viel Getreide. Die dritte Mühle benötigt für 2 t 600 kg Getreide vier Stunden.

a Wie viel Getreide mahlt jede Mühle in der Stunde?

Rechnung:

Antwort: _____

b Ein Bauer liefert 5 t Getreide. Der Müller verteilt die 5 t so auf seine drei Mühlen, dass der Mahlvorgang in den Mühlen gleichzeitig beendet ist, wenn er sie gleichzeitig in Bewegung setzt.

Wie lange dauert der Mahlvorgang und wie viel Getreide hat der Müller in jede Mühle gefahren?

Rechnung:

Antwort: _____

2

Mathematik • Übertritt in weiterführende Schulen

5 Wie heißen die zwei nächsten Zahlen der Zahlenfolge?

5 785; 5 775; 5 745; 5 655; _____ ; _____

6 Die 23 Kinder der Klasse 4b fahren gemeinsam mit den 27 Kindern der Klasse 4c ins Schullandheim. Die Übernachtung mit Frühstück kostet dort für jeden Schüler in der Woche 98 €. Die Kosten für den Bus für Hin- und Rückfahrt betragen insgesamt 332 €. Außerdem ist ein Ausflug zu einer nahe gelegenen Burg geplant. Ab dreißig Personen kostet dort eine Führung 36 ct pro Person, bei einer kleineren Gruppe muss jeder 50 ct bezahlen. Damit die Fahrt ins Schullandheim nicht zu teuer wird, zahlt die Schule für jeden Schüler einen Zuschuss von 12 €.

Frage: _____

Rechnung:

Antwort: _____

Übertritt in weiterführende Schulen • Mathematik

7 Anna findet im Tierlexikon die Bilder eines Eichhörnchens und einer Ameise. Im Text erfährt sie, dass das Eichhörnchen im Maßstab 1 : 3 verkleinert und die Waldameise im Maßstab 4 : 1 vergrößert dargestellt ist.
Mit dem Lineal misst Anna aus:
Körperlänge Eichhörnchen: 4 cm
Schwanzlänge Eichhörnchen: 3,5 cm
Körperlänge Ameise: 4 cm

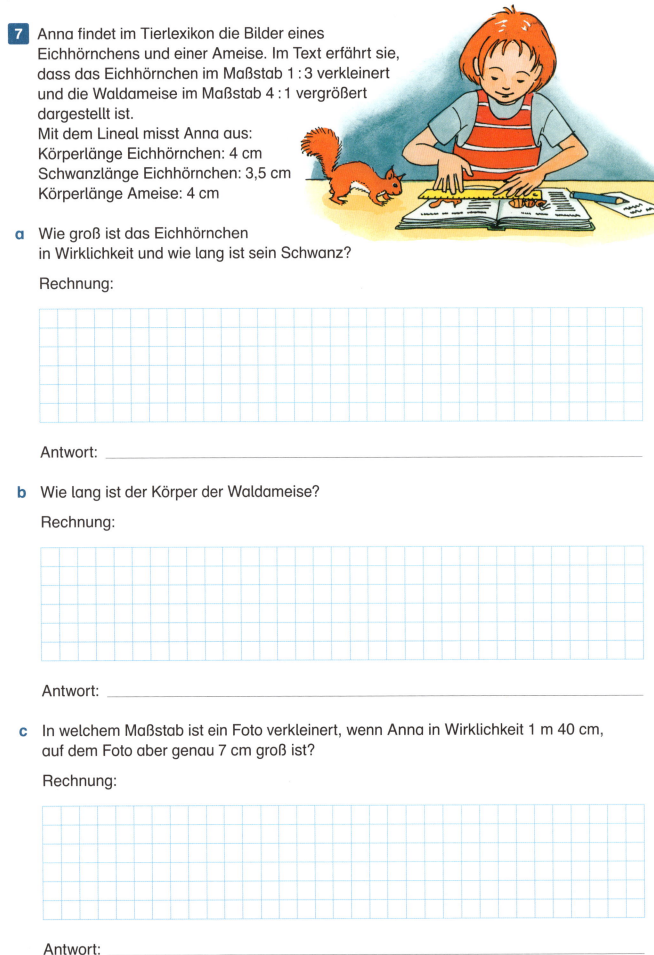

a Wie groß ist das Eichhörnchen in Wirklichkeit und wie lang ist sein Schwanz?

Rechnung:

Antwort: _____

b Wie lang ist der Körper der Waldameise?

Rechnung:

Antwort: _____

c In welchem Maßstab ist ein Foto verkleinert, wenn Anna in Wirklichkeit 1 m 40 cm, auf dem Foto aber genau 7 cm groß ist?

Rechnung:

Antwort: _____

Mathematik • Übertritt in weiterführende Schulen

Aufgabe 2

1 Ergänze die freien Felder der Pyramide so, dass die Summe zweier nebeneinanderstehender Zahlen jeweils im darüberliegenden Feld steht.

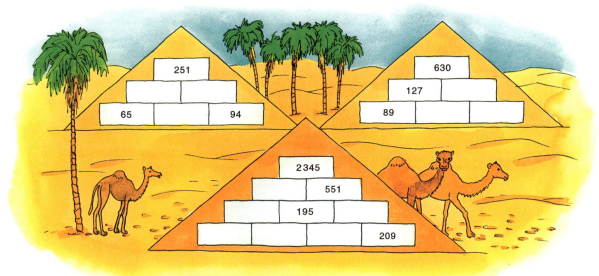

2 Subtrahiere schriftlich: 566 811 − 379 234

Rechnung:

3 Ersetze die Striche in der Aufgabe so durch Ziffern, dass die Rechnung stimmt.

```
    5 _ 0 3 _
  + _ 7 4 _ 6
  ───────────
    1 1 3 _ 6 6
```

4 Anna fährt mit dem Inter-Regio von München (Abfahrt 19.24 Uhr) nach Hof (Ankunft 22.10 Uhr) zu ihrer Oma. Zwischen den beiden Städten hält der Zug achtmal, wobei jeder Halt zwei Minuten dauert.

a Berechne die reine Fahrzeit des Zuges.

Rechnung:

Antwort: _____

Übertritt in weiterführende Schulen • Mathematik

b Wie viele Kilometer hat der Inter-Regio in dieser Zeit zurückgelegt, wenn er mit einer durchschnittlichen Geschwindigkeit von 82 km pro Stunde fährt?

Rechnung:

Antwort: _____

5 In einem 3-Familien-Wohnhaus beträgt die Monatsmiete für die Wohnung im Erdgeschoss 290 €, die Miete für die Wohnung im Obergeschoss ist um 55 € höher. Jede der 3 Garagen ist für 35 € vermietet. Der Hausbesitzer nimmt im Jahr insgesamt 11 580 € ein.

Wie hoch ist die Monatsmiete für die dritte Wohnung im Dachgeschoss?

Rechnung:

Antwort: _____

Mathematik • Übertritt in weiterführende Schulen

6 Das Schwimmbecken der Grundschule Pfreimd hat zwei Abflussrohre, ein großes und ein kleines. Wenn das große Rohr geöffnet ist, dann ist das Becken in genau 25 Minuten geleert. Dabei fließen 39 Liter Wasser pro Sekunde durch das Rohr. Durch das kleine Rohr können 11 Liter Wasser pro Sekunde fließen.

Wie viele Minuten und Sekunden dauert es, bis das ganze Becken geleert ist, wenn beide Rohre gleichzeitig geöffnet sind?

Rechnung:

Antwort: _____

7 Welche Rechenzeichen musst du anstelle von ☐ und △ setzen, damit die Rechnung richtig ist?

14 ☐ 6 − 72 △ 9 = 76

8 In einem Regal stehen in einer Reihe nebeneinander Uhren. Davon sind zwei Kuckucksuhren. Eine Kuckucksuhr ist die sechste Uhr von links, die andere ist die achte Uhr von rechts. Zwischen den beiden Kuckucksuhren stehen genau drei andere Uhren.

Wie viele Uhren stehen mindestens im Regal?

Antwort: _____

Übertritt in weiterführende Schulen • Mathematik

Aufgabe 3

1 Erstelle zuerst eine Überschlagsrechnung auf Hunderter und berechne dann die genaue Differenz der Zahlen 84 421 und 35 469.

2 Berechne: 786 306 : 87

3 Obsthändler Berti kauft 72 kg Äpfel und 55 kg Orangen. Für 1 kg Äpfel muss er 1,80 € bezahlen, für 1 kg Orangen 2,50 €.

a Welchen Gesamtpreis hat der Händler beim Einkauf bezahlt?

Rechnung:

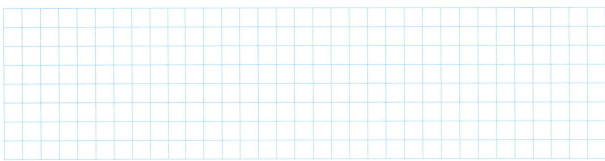

Antwort: *889*

Mathematik · Übertritt in weiterführende Schulen

b Beim Auspacken der Ware stellt Berti fest, dass 3 kg Orangen und der zwölfte Teil der Äpfel verdorben sind und daher nicht mehr verkauft werden können. Die restlichen Äpfel verkauft er zum Preis von 2,60 € je Kilogramm. Von den Orangen verkauft er 32 kg zum Preis von 3 € je Kilogramm, vom Rest die eine Hälfte zum Preis von 2,50 € je Kilogramm und die andere Hälfte zum Preis von 2 € je Kilogramm.

Welchen Betrag hat er beim Verkauf eingenommen?

Rechnung:

Antwort: _____

4 Leon denkt sich eine Zahl, multipliziert sie mit 5, addiert 30, dividiert durch 6 und erhält die Zahl 10.

Wie heißt Leons gedachte Zahl?

Rechnung:

Antwort: *888*

Übertritt in weiterführende Schulen • Mathematik

5 Herr Neumann holt sein Auto aus der Werkstatt und bezahlt die Kundendienstrechnung mit einem 500-Euro-Schein. Er bekommt 44,85 € zurück. Auf seiner Rechnung steht: drei Liter Motoröl für je 15,95 €, vier Zündkerzen für je 6,50 €, zwei Liter Kühlflüssigkeit für zusammen 33,30 € sowie 6 Arbeitsstunden.

Frage: _____

Rechnung:

Antwort: _____

6 Welche Zahl musst du anstelle der Platzhalter einsetzen, damit die Aufgabe stimmt?

☐ · 3 − ☐ : 3 = 240

10

Mathematik • Übertritt in weiterführende Schulen

Aufgabe 4

1 Ergänze die fehlenden Ziffern. Jeder Strich steht für eine Ziffer.

a
```
   7 5 _ 2 8
 + 1 _ 0 7 _
 _ _ 9 9 _ 4
```

b
```
  3 _ 4 · _ 7
  2 _ _ 2
      2 5 4 8
  _ _ _ _ _
```

2 Herr Gebegern hat zwei Söhne und drei Töchter. Nach einem Lottogewinn schenkt er den Kindern insgesamt 324 000 €. Da er für die Ausbildung der Söhne bereits viel Geld ausgegeben hat, soll jede Tochter doppelt so viel bekommen wie ein Sohn.

Wie viel bekommt jedes Kind?

Rechnung:

Antwort: _____

3 Anna und Leon gehen mit Marie und Lukas ins Kino. Dort gibt es noch vier freie Sessel nebeneinander.

Wie viele Möglichkeiten haben sie, sich in unterschiedlicher Reihenfolge auf die Sessel zu setzen?

Antwort: _____

Übertritt in weiterführende Schulen • Mathematik

4 In einer Olivenmühle lagern vier gleich große Fässer. Das erste Fass enthält 85 Liter, das zweite Fass 118 Liter, das dritte Fass 37 Liter und das vierte Fass 44 Liter Olivenöl. Jetzt soll das Öl gleichmäßig auf die vier Fässer verteilt werden.

Wie groß wird der Inhalt eines jeden Fasses sein und wie viel Öl muss in jedes Fass gefüllt oder aus ihm entnommen werden?

Rechnung:

Antwort: _____

5 Beim großen Theaterwochenende der Klasse 4 b nahmen die Schüler insgesamt 6 300 € ein. Der zehnte Teil davon war eine Spende. 207 Besucher bezahlten für ihre Plätze je 14 €, der Rest der Besucher saß auf den Plätzen zu 18 €.

Wie viele Besucher waren insgesamt bei der Vorstellung anwesend?

Rechnung:

Antwort: _____

12

Mathematik • Übertritt in weiterführende Schulen

6 Herr Schuster will sich drei Huskys (Schlittenhunde) anschaffen. Für drei Hunde fallen pro Monat 127,50 € Futterkosten und zudem 450 € pro Jahr für Steuer, Hundeleinen und sonstige kleine Sachen an. Auch der Tierarzt muss regelmäßig aufgesucht werden. Dafür sind je Husky im Jahr durchschnittlich 275 € zu berechnen. Herr Schuster ist bereit, den 15. Teil seines Jahreseinkommens von 42 600 € für diese Freizeitbeschäftigung auszugeben.

Frage: _____

Rechnung:

Antwort: _____

7 Ergänze die magischen Quadrate so, dass die Summe der Zahlen in jeder Reihe, jeder Spalte und jeder Diagonalen gleich ist.

100	16	76
	64	

		84
	192	
300		228

13

Übertritt in weiterführende Schulen • Mathematik

Aufgabe 5

1

Frachtschiff:
2 200 t Steinkohle

Güterzug:
16 Wagen mit je
28 t Steinkohle

Lastwagen:
33 t Steinkohle

Kreuze die Fragen an, die du durch Rechnung beantworten kannst.
Falls dies möglich ist, gib in den Klammern das genaue Ergebnis an.

a ☐ Wie viele Lastwagen können die gleiche Menge Steinkohle transportieren wie ein Frachtschiff? (_____)

b ☐ Wie viel Steinkohle transportieren fünf Lastwagen und ein Güterzug?
(_____)

c ☐ Welches Transportmittel ist am umweltfreundlichsten?
(_____)

d ☐ Mit welchem Transportmittel wird die gleiche Menge Steinkohle am schnellsten transportiert? (_____)

e ☐ Wie viele t Steinkohle transportiert ein Güterzug?
(_____)

f ☐ Bei welchem Transportmittel braucht man das meiste Personal für den Transport? (_____)

2 Finde die fehlenden Zahlen der beiden Zahlenfolgen.

a _____, _____, 334, 337, 341, 346, 352, _____, _____

b _____, _____, 213, 216, 211, 214, 209, 212, 207, _____, _____

Mathematik • Übertritt in weiterführende Schulen

3 Eine Allee mit alten Eichen ist 6 km 720 m lang. Auf beiden Seiten dieser Allee stehen die Bäume in einem Abstand von 48 m.

Wie viele Eichen stehen insgesamt an dieser Allee, wenn sowohl am Anfang als auch am Ende jeder Straßenseite ein Baum steht?

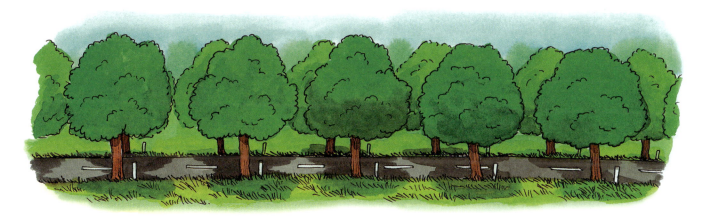

Rechnung:

Antwort: _____

4 Berechne:

7 km 33 m + 77 m 4 cm 4 mm + 487 cm 5 mm

5 Berechne und führe die Probe durch:

49 882 : 98 =

Übertritt in weiterführende Schulen • Mathematik

6 Anna geht mit ihren Eltern in den Elektromarkt. Sie wollen einen neuen Fernseher kaufen, der für 1 650 € angeboten wird. Da sie bar bezahlen, bekommen sie den 15. Teil des angebotenen Preises als Nachlass. Ihr Nachbar, Herr Zweifel will den gleichen Fernseher kaufen und überlegt sich einen Ratenkauf. Dabei muss er den 3. Teil anzahlen und noch 12 Monatsraten zu je 95 € entrichten.

> Bei Barzahlung
> **SOFORTRABATT!**
>
> Ratenzahlung:
> **Anzahlung** und
> günstige **Monatsraten!**
>
> Fragen Sie nach
> unseren **Konditionen!**

Frage: _____

Rechnung:

Antwort: _____

7 Der abgebildete Würfel wurde bis zur Hälfte in einen Farbeimer getaucht.

Male die entsprechenden Flächen des Würfelnetzes so an, dass beim Zusammenfalten der abgebildete Würfel entsteht.

16

Mathematik • Übertritt in weiterführende Schulen

Aufgabe 6

1 Multipliziere die Zahl 3 084 mit 47 und addiere dann 740 789.

2 Eva meint: „Von meinen beiden Schwestern ist Rosa drei Jahre älter als ich und Mona vier Jahre jünger als ich. Zusammen sind wir 50 Jahre alt."

Wie alt ist jede der drei Schwestern?

Rechnung:

Antwort: _____

3 Das Ergebnis in der Mitte des Rechenrades ist immer 100 000.
Ergänze die Additionsaufgaben und fülle die leeren Felder richtig aus.

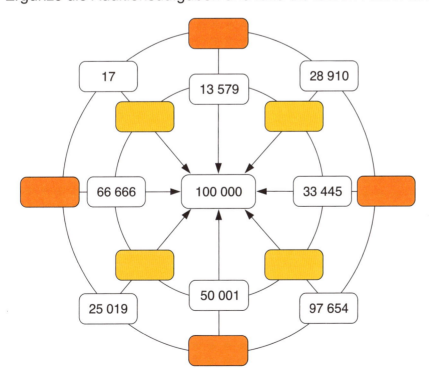

Übertritt in weiterführende Schulen • Mathematik

4 Ein Schiff hat bereits 2 276 Kisten zu je 34 kg und 2 323 Kisten zu je 54 kg geladen.

Wie viele Kisten zu je 28 kg können noch mitgenommen werden, wenn das Schiff mit 210 t beladen werden darf?

Rechnung:

Antwort: _____

5 Waldarbeiter Ast muss einen Baumstamm von 6 Metern Länge in Stücke zu je 60 cm Länge zersägen.

Wie lange braucht er, wenn er für jeden Schnitt 3 Minuten benötigt?

Rechnung:

Antwort: _____

6 Landwirt Moser zäunt seine rechteckige Wiese mit der Länge 105 m und der Breite 47 m mit einem Elektrozaun ein, den er in drei Reihen übereinander spannt. Auf einer kürzeren Seite baut er ein 4 m breites Tor ein.

Was kostet Herrn Moser der Draht für die Einzäunung, wenn er für eine Rolle mit 50 m Draht 24,50 € bezahlt hat?

Rechnung:

Antwort: _____

18

Mathematik • Übertritt in weiterführende Schulen

7 Leon möchte aus 68 cm Draht ein Kantenmodell eines Quaders basteln.
Der Quader soll 8 cm lang und 6 cm breit werden.

Wie hoch kann der Quader höchstens werden, damit der Draht reicht?

Rechnung:

Antwort: _____

8 Anna möchte eine Fahne mit drei verschiedenfarbigen Streifen entwerfen.
Sie hat fünf Farben zur Verfügung.

Wie viele verschiedene Fahnen könnte sie gestalten?

Überlegung:

Antwort: _____

19

Übertritt in weiterführende Schulen • Mathematik

9 Ergänze die Zeichnung zu einer symmetrischen Figur.

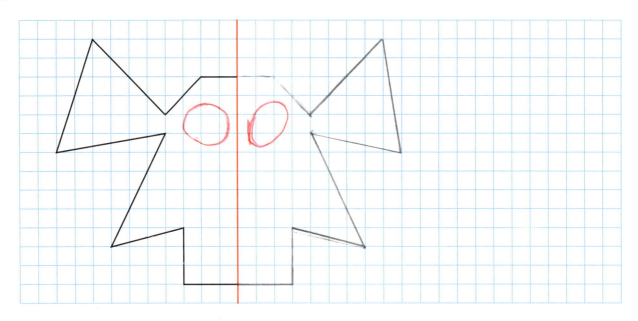

10 In einer kleinen Spielwarenfabrik werden pro Tag 100 Spielsachen hergestellt. Sie produziert Stofftiere, Fußbälle und 40 Jojos.

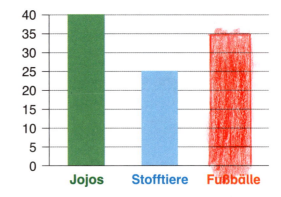

a   Lies aus dem Diagramm ab, wie viele Stofftiere hergestellt werden.

Antwort: *Pro Tag werden 25 Stofftiere hergestellt.*

b   Bestimme die Anzahl der hergestellten Fußbälle und trage die entsprechende Säule mit Lineal im Diagramm ein.

Antwort: *Pro Tag werden 35 Fußbälle hergestellt*

c   Die Produktionskosten für alle Fußbälle betragen in einer Arbeitswoche 96 €, für alle Stofftiere täglich 28 € und für jedes Jojo täglich 10 Cent.

Wie hoch sind die Produktionskosten pro Woche für alle Spielwaren?

Rechnung:

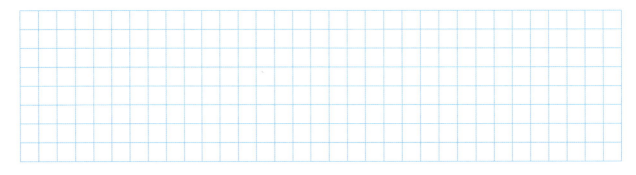

Antwort: _____

20

Mathematik • Übertritt in weiterführende Schulen

Aufgabe 7

1 Frau Müller kann die Rechnung der Getränkelieferung nicht begleichen, weil wichtige Angaben fehlen. Hilf ihr, indem du die fehlenden Zahlen findest.

80 Kästen Apfelsaft zu je € ☐ : € 400,00

16 Kästen Zitronenlimonade zu je € 3,50 : € ☐

€ ☐

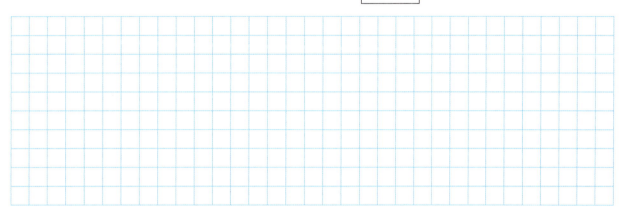

2 Familie Hartl besteht aus fünf Personen.

Wie hoch ist der jährliche Wasserverbrauch der Familie, wenn jedes Mitglied pro Tag durchschnittlich 132 Liter Wasser benötigt?

Rechnung:

Antwort: _____

3 Berechne 610 228 : 62 und führe die Probe durch.

Übertritt in weiterführende Schulen • Mathematik

4 Die Schulfreunde Lotta und Jürgen wohnen 15 km und 400 m voneinander entfernt. Wenn Lotta ihren Freund besucht, legt sie mit dem Fahrrad durchschnittlich 12 km in der Stunde zurück.

a Welche Wegstrecke legt Lotta mit dem Fahrrad in einer Minute zurück? Welche Wegstrecke legt sie in 17 Minuten zurück?

Rechnung:

Antwort: _____

b Wie lange braucht Lotta, wenn sie auf der Hinfahrt eine Pause von 26 Minuten einlegt?

Rechnung:

Antwort: _____

c An einem anderen Tag besucht Jürgen seine Freundin zu Fuß. Am Morgen geht er um 8.30 Uhr mit einer durchschnittlichen Geschwindigkeit von 4 200 m in der Stunde los und macht nach jeder vollen Stunde eine Pause von genau 10 Minuten. Lotta fährt Jürgen mit dem Fahrrad entgegen und fährt um 9.40 Uhr los.

Wie weit sind die beiden um 10.10 Uhr voneinander entfernt?

Rechnung:

Antwort: _____

Mathematik • Übertritt in weiterführende Schulen

5 In einer Gärtnerei werden unter anderem Tulpen und Rosen verkauft. Eine Tulpe kostet 2 €, eine Rose 3 €. Die Chefin stellt Folgendes fest: Es wurden neun Rosen weniger als Tulpen verkauft. Insgesamt wurden für die verkauften Rosen und Tulpen 283 € eingenommen.

Wie viele Tulpen und Rosen hat die Verkäuferin verkauft?

Rechnung:

Antwort: _____

6 Herr Franz ist Ingenieur und arbeitet in einer Spielwarenfabrik, in der 740 Facharbeiter, 50 Hilfskräfte und 72 Ingenieure angestellt sind. Alle arbeiten 35 Stunden in der Woche. Ein Facharbeiter verdient pro Stunde 24 €, eine Hilfskraft pro Woche 470 €. Als Gesamtlohnsumme für die Facharbeiter, die Hilfskräfte und die Ingenieure werden jede Woche 783 700 € ausbezahlt.

Wie viel verdient Herr Franz pro Stunde?

Rechnung:

Antwort: _____

Übertritt in weiterführende Schulen • Mathematik

7 Anna hat große und kleine Würfel sowie große und kleine Murmeln.
Jede große Murmel wiegt 25 g, jede kleine Murmel wiegt 10 g.

a Mithilfe ihrer Waage stellt Anna fest,
dass acht große Würfel so viel wiegen
wie 16 kleine Murmeln.

Berechne, wie viel Gramm ein großer Würfel wiegt.

Rechnung:

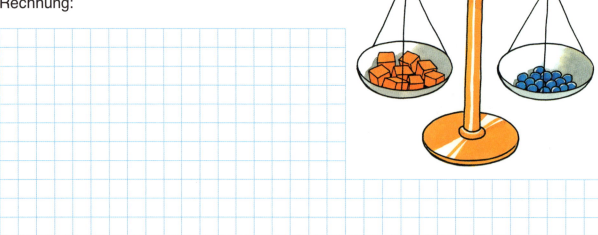

Antwort: _____

b Bei einem zweiten Versuch stellt sie fest,
dass 17 kleine Murmeln und zwei kleine Würfel
genauso viel wiegen wie fünf große Murmeln
und sieben kleine Würfel.

Berechne, wie viel Gramm ein kleiner Würfel wiegt.

Rechnung:

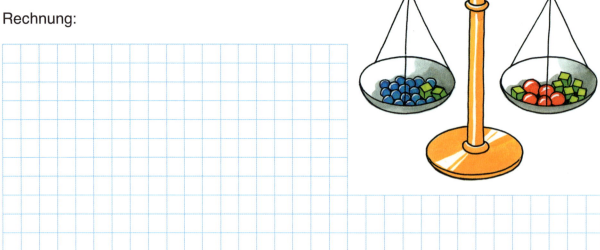

Antwort: _____

Mathematik • Übertritt in weiterführende Schulen

Aufgabe 8

1 Berechne und führe anschließend die Probe durch.

a 479 747 : 29

b 465 · 185

2 Berechne schriftlich die Zahlen, die in die Platzhalter gehören.

a 11 111 − ☐ = 4 444

Übertritt in weiterführende Schulen • Mathematik

b ☐ : 33 = 33

3 Die Baugrube für eine neue Schule soll im Abstand von 5 m durch einen Maschendrahtzaun abgesichert werden (vergleiche die Skizze).

Wie lang muss der Sicherungszaun sein?

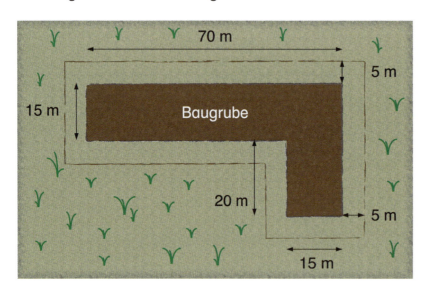

Rechnung:

Antwort: _____

Mathematik · **Übertritt in weiterführende Schulen**

4 Leon möchte seinen Freund im Nachbardorf besuchen. Um 13.45 Uhr will er mit dem Fahrrad starten und um 17.15 Uhr muss er wieder zu Hause sein. Für die Hinfahrt benötigt Leon 15 Minuten, für die Rückfahrt 5 Minuten mehr.

Wie lange kann er mit seinem Freund spielen?

Rechnung:

Antwort: _____

5 Finde die fehlenden Zahlen in der Zahlenpyramide.

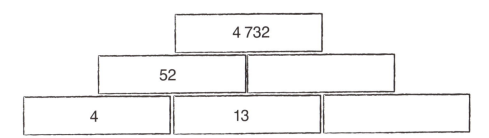

6 Eine Truhe ist mit einem Zahlenschloss gesichert.

Du weißt, dass die Ziffern 2, 3 und 7 vorkommen, kennst aber die Reihenfolge der Zahlen nicht.
Diese Ziffern können nur jeweils einmal vorkommen.

Wie viele Möglichkeiten gibt es, dreistellige Zahlen mit diesen Ziffern zu bilden, um die Truhe zu öffnen?

Schreibe auch die Zahlen auf.

Antwort: _____

27

Übertritt in weiterführende Schulen • Mathematik

7 Herr Knauser will sein Gewicht, das seines Sohnes und das seines Hundes wissen. In einer Bahnhofsvorhalle kostet das Wiegen auf einer Personenwaage aber 1 €. Um Geld zu sparen, stellt er sich zusammen mit seinem kleinen Sohn Tobias und Hund Trolli auf die Waage. Alle miteinander wiegen 88 kg.

Wie schwer ist Tobias, wenn Herr Knauser 40 kg mehr wiegt als Hund Trolli und Sohn Tobias zusammen, Trolli aber dreimal so viel wiegt wie Tobias?

Rechnung:

Antwort: _____

8 Herr Neumann möchte im nächsten Frühjahr für sich und Leon zwei neue Fahrräder kaufen. Leons Wunschfahrrad kostet 380 Euro, das Fahrrad für Herrn Neumann wird 550 Euro kosten. Weil Herr Neumann ein guter Kunde ist, bekommt er einen Preisnachlass von 35 Euro. Er hat für den Fahrradkauf schon 535 Euro zurückgelegt.

Wie viel muss er jeden Monat sparen, wenn er die Räder in drei Monaten kaufen will?

Rechnung:

Antwort: _____

Mathematik • Übertritt in weiterführende Schulen

Aufgabe 9

1 Finde die fehlenden Ziffern. Jeder Strich steht für eine Ziffer.

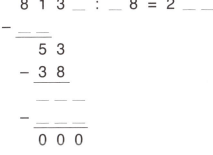

2 Setze die Zahlenfolge fort.

6, 9, 18, 21, 42, 45, 90, 93, ____, ____, ____, ____

3 Eine Wanderung beginnt um 9.27 Uhr und endet um 11.10 Uhr.

a Wie viele Stunden und Minuten liegen zwischen Beginn und Ende der Wanderung?

Antwort: _____

b Die Wanderung wird durch eine 15-minütige Pause unterbrochen. Diese Pause ist so geplant, dass die Gehzeit vorher und nachher jeweils genau gleich lang ist.

Berechne, wann die Pause beginnt und wann sie endet.

Rechnung:

Antwort: _____

Übertritt in weiterführende Schulen • Mathematik

4 Die Grundfläche der abgebildeten Pyramide ist quadratisch.

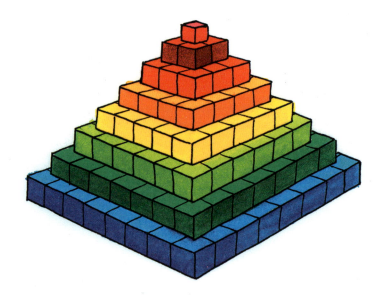

a Aus wie vielen einzelnen Würfeln ist die Pyramide zusammengebaut?

Antwort: _____

b Wie viele Würfel hätte die zweite Lage von unten, wenn die Pyramide 14 Lagen hoch wäre?

Antwort: _____

5 Berechne die fehlenden Zahlen. Jeder Strich steht für eine Zahl.

```
  4 _ 8 · 5 _
  ───────────
    2 0 4 0
  _ _ _ _
  ───────────
    2 2 8 4 8
```

30

Mathematik • Übertritt in weiterführende Schulen

6 Familie Müller lässt den 19 000-Liter-Heizöltank ihres Zweifamilienhauses im Juli volltanken und muss dafür 5 548 € bezahlen.

a Wie viele Liter Heizöl befanden sich vor dem Befüllen im Tank, wenn ein Hektoliter Heizöl 38 € kostet?

Rechnung:

Antwort: _____

b Sechs Wochen später steigt der Heizölpreis um 3 Cent je Liter.

Wie viel sparte Familie Müller durch den frühzeitigen Kauf?

Rechnung:

Antwort: _____

31

Übertritt in weiterführende Schulen • Mathematik

7 Die Summe von vier Zahlen ist 90 240. Die erste Zahl ist um 590 kleiner als die zweite Zahl. Die zweite Zahl ist um 9 240 größer als die dritte. Die dritte Zahl heißt 19 000.

Berechne die vierte Zahl.

Rechnung:

Antwort: _____

8 In der Tabelle findest du Angaben von den Einwohnerzahlen mehrerer Städte in Deutschland.

a Lies die Einwohnerzahl der Städte München und Hamburg aus dem Diagramm ab und trage sie in die Tabelle ein.

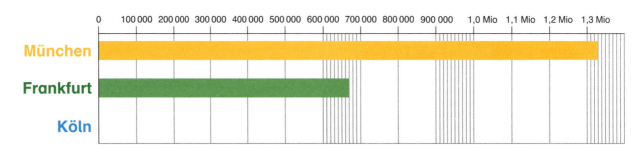

b Ergänze die Säule für die Stadt Köln im Diagramm.

c Die Einwohnerzahl wurde auf Zehntausender gerundet.

Wie viele Einwohner hat Frankfurt daher mindestens und wie viele höchstens?

Stadt	EW-Zahl
München	_____
Frankfurt	_____
Köln	990 000

Antwort: _____